COLLECTION DE Mr LE DOCTEUR E. LECAUDEY

ŒUVRES

DE

E. MEISSONIER

DESSINS, ESTAMPES

EXPOSITION PUBLIQUE

Le Mardi 6 Juin 1899, de 2 heures à 5 heures 1/2

VENTE

Le Mercredi 7 Juin 1899, à 2 heures

IMPRIMERIE MAULDE & RENOU

MAULDE, DOUMENC & Cie

IMPRIMEURS DE LA COMPAGNIE DES COMMISSAIRES-PRISEURS

Rue de Rivoli, 144 — Paris

CATALOGUE

d'Estampes modernes en épreuves d'artiste

ŒUVRES

PAR ET D'APRÈS

E. MEISSONIER

Dessins et Eaux-Fortes originales

GRAVURES AU BURIN, GRAVURES A L'EAU-FORTE

PAR

Blanchard, Boilvin, Boulard, Bracquemond
Courtry, Flameng, Gilbert, Jacquemart, Kratké, Achille Jacquet
Jules Jacquet, Lalauze, Lamotte, Le Rat
Mathey, Mongin, Monziès, Rajon, Ruel, Vion, Waltner

Catalogues et Publications illustrés

GRAVURES ET EAUX-FORTES D'APRÈS LES MAITRES MODERNES

PAR

Bayard, Burney, Chauvel, Detaille, Duez, Gautier, Gérôme, Jazet
Lerolle, Mercier, Willie, etc.

DONT LA VENTE AUX ENCHÈRES PUBLIQUES AURA LIEU

HOTEL DES COMMISSAIRES-PRISEURS

RUE DROUOT, N° 9, SALLE N° 7

Le Mercredi 7 Juin 1899, à 2 heures

Par le ministère de Me **Maurice DELESTRE,** Commissaire-Priseur
rue Saint-Georges, 5

Assisté de **M. L. DUMONT,** Expert, Marchand d'Estampes
rue Laffitte, 27

EXPOSITION PUBLIQUE

Le Mardi 6 Juin 1899, de 2 heures à 5 heures 1/2

CONDITIONS DE LA VENTE

Elle sera faite au comptant.

Les Acquéreurs paieront CINQ POUR CENT en sus des enchères.

ORDRE DE LA VACATION

ESTAMPES PAR DIVERS....................	Nos 156 à 192
ŒUVRES DE MEISSONIER.................	Nos 1 à 155
CATALOGUES ET PUBLICATIONS ILLUSTRÉS....	Nos 193 à 207

MM. les Amateurs pourront visiter la Collection chez M. DUMONT, 27, *rue Laffitte*, du 25 Mai au 5 Juin 1899.

MAULDE, DOUMENC et Cie, imprimeurs de la Cie des Commissaires-Priseurs, rue de Rivoli, 144 600 - 81625

DÉSIGNATION

DESSINS

MEISSONIER (E.)

1 — **Un Bibliophile.**

Dessin à la mine de plomb, signé du monogramme. Encadré

2 — **Cavalier.**

Dessin à la mine de plomb, signé du monogramme et daté 8 novembre 1870, Palais de l'Élysée, Société de secours aux blessés. Encadré.

3 — **Polichinelle.**

Dessin à la plume, rehaussé de blanc, signé du monogramme. Encadré.

EAUX-FORTES ORIGINALES

MEISSONIER (E.)

4 — **Le Sergent rapporteur** (Cat. H. Béraldi, 14).

Très belle épreuve d'artiste avant l'adresse de Salmon, sur Chine. Encadrée.

MEISSONIER (E.)

5 — **Les Reîtres** (15).

Très belle épreuve d'artiste sur Chine. Encadrée.

6 — **Polichinelle** (18).

Très belle épreuve d'artiste. Encadrée.

6 *bis* — Polichinelle, tourné à droite.

Belle épreuve.

7 — **Il Signor Annibale** (23).

Très belle épreuve d'artiste sur Japon. Encadrée.

8 — **Les Apprêts du duel** (24).

Très belle épreuve d'artiste sur Japon. Encadrée.

9 — Soldat mort, d'après le tableau du *Siège de Paris* (25).

Très belle épreuve.

10 — **Le Sergent.** Remarque pour la planche *le Portrait du sergent* (28).

Très belle épreuve d'artiste sur Japon, signée du monogramme. Encadrée.

11 — **Bacchus.** Remarque pour la planche *le Peintre d'enseignes* (29).

Très belle épreuve d'artiste sur Japon. Encadrée.

GRAVURES AU BURIN, EAUX-FORTES LITHOGRAPHIES

D'APRÈS LES ŒUVRES DE

E. MEISSONIER

12 — **Cavalier**, par ALASONIÈRE.

Très belle épreuve d'artiste avec remarque sur parchemin. Signée.

13 — **La même estampe.**

Très belle épreuve d'artiste avec remarque sur parchemin et un dessin à la plume dans la marge. Signée.

14 — **Le Hussard**, par ALASONIÈRE.

Très belle épreuve d'artiste avec remarque sur parchemin. Signée.

15 — **L'Empereur**, par Alb. ARDAIL.

Très belle épreuve d'artiste avec remarque sur parchemin. Signée.

16 — **Le Peintre**, par GÉRY BICHARD.

Très belle épreuve d'artiste sur Japon, avec dédicace.

17 — **Un Gentilhomme**, par Ch. BLANC.

Belle épreuve d'artiste.

18 — **Les Amateurs de peinture**, par A. BLANCHARD.

Très belle épreuve d'artiste avec remarque sur Chine. Signée du peintre et du graveur. Très rare.

MEISSONIER (D'après E.)

19 — **Les Joueurs d'échecs**, par A. Blanchard.

Très belle épreuve avant la lettre sur Chine. Encadrée.

20 — La même estampe.

Très belle épreuve.

21 — Les Bons Amis, par Revel et Blanchard.

Très belle épreuve.

22 — Le Liseur assis, par A. Boilot.

Très belle épreuve d'artiste avec remarque sur parchemin. Signée.

23 — La même estampe.

Très belle épreuve d'artiste.

24 — Polichinelle, par A. Boilot.

Très belle épreuve d'artiste, avec remarque sur parchemin. Signée.

25 — **Les Généraux dans la neige**, par E. Boilvin.

Superbe épreuve d'artiste sur parchemin, avec la remarque gravée par E. Detaille et un croquis original de Boilvin. Signée.

26 — La même estampe.

Superbe épreuve d'artiste avec la remarque de E. Detaille sur parchemin. Signée.

27 — **Borée**, par A. Boulard.

Très belle épreuve d'artiste avec remarque sur parchemin. Signée.

28 — **Dimanche**, par A. Boulard.

Très belle épreuve d'artiste sur parchemin. Signée.

29 — **Le Fumeur**, par A. Boulard.

Superbe épreuve d'artiste, avec une remarque gravée par E. Detaille, sur parchemin. Signée. Encadrée.

MEISSONIER (D'après E.)

30 — **La Partie de piquet,** par A. Boulard.

Très belle épreuve d'artiste sur Japon. Signée.

31 — **Partie perdue,** par F. Bracquemond.

Superbe épreuve d'artiste sur parchemin. Signée.

32 — **La Rixe,** par F. Bracquemond.

Superbe épreuve d'artiste sur parchemin. Signée par le peintre et par le graveur.

33 — L'Audience, par Ch. Carey.

Très belle épreuve d'artiste avec les noms tracés à la pointe. Rare.

34 — La même estampe.

Belle épreuve. Encadrée.

35 — Illustrations pour *les Contes rémois*, par Martin Chablis.

Quatorze pièces, très belles épreuves d'artiste.

36 — Napoléon et son état-major, par Ch. Coppier.

Très belle épreuve d'artiste avec remarque sur parchemin. Signée.

37 — **Les Amateurs d'estampes,** par Ch. Courtry.

Très belle épreuve d'artiste avec remarque sur parchemin. Signée. Encadrée.

38 — La même estampe.

Superbe épreuve d'artiste avec une remarque spéciale « Tête de jeune femme » sur vieux papier.

39 — Le Polichinelle au tambour, par Ch. Courtry.

Très belle épreuve d'artiste.

40 — Le Maréchal de Saxe, par Ch. Courtry.

Très belle épreuve d'artiste sur parchemin. Signée.

MEISSONIER (D'après E.)

41 — **En Reconnaissance,** par Ch. Courtry.

Superbe épreuve d'artiste avec remarque sur parchemin. Signée.

42 — La même estampe.

Très belle épreuve d'artiste sur Japon. Signée.

43 — Saint Paul, par Cousin.

Très belle épreuve (Collection Burty).

44 — L'Amateur de tableaux, par V. Desclaux.

Très belle épreuve.

45 — Les Amateurs de peinture, par Léop. Flameng

Belle épreuve.

46 — Les deux Lansquenets, par Léop. Flameng.

Très belle épreuve d'artiste sur Japon.

47 — La Halte, par Léop. Flameng.

Très belle épreuve sur parchemin.

48 — Le Porte-Étendard, par Léop. Flameng.

Très belle épreuve d'artiste. Signée.

49 — 1814, par G. Fouquet.

Très belle épreuve d'artiste sur parchemin. Signée.

50 — La Sentinelle, par Gaucherel.

Très belle épreuve d'artiste sur Japon. Signée.

51 — Napoléon, par L. Gautier.

Très belle épreuve d'artiste sur Chine. Signée.

52 — Sur la route d'Antibes, par L. Gautier.

Très belle épreuve d'artiste sur parchemin. Signée.

53 — Napoléon, par L. Gautier.

Très belle épreuve d'artiste avec remarque sur Japon. Signée.

MEISSONIER (D'après E.)

54 — Un Cavalier, par A. Gilbert.

Très belle épreuve d'artiste avec remarque sur parchemin. Signée.

55 — Le Duelliste, par A. Gilbert.

Très belle épreuve d'artiste avec remarque sur Japon. Signée.

56 — Le Joueur de guitare, par A. Gilbert.

Très belle épreuve avec remarque sur parchemin. Signée.

57 — Un Spadassin, par A. Gilbert.

Très belle épreuve d'artiste avec remarque sur Japon. Signée.

58 — Une Visite, par A. Gilbert.

Très belle épreuve avec remarque. Signée.

59 — Les Amateurs d'estampes, par J. Jacquemart.

Très belle épreuve d'artiste sur Japon. Rare.

60 — Le Défilé des populations lorraines devant S. M. l'Impératrice, à Nancy, par Jacquemart.

Très belle épreuve d'artiste.

61 — Le Liseur assis, par J. Jacquemart.

Très belle épreuve d'artiste. Signée.

62 — La même estampe.

Très belle épreuve d'artiste.

63 — **Le Guide**, par Achille Jacquet.

Très belle épreuve d'artiste sur parchemin. Signée.

64 — **Le Peintre d'enseignes,** par Achille Jacquet.

Très belle épreuve sur Japon. Encadrée.

65 — **Le Portrait du Sergent,** par Achille Jacquet.

Très belle épreuve d'artiste sur Japon, signée par le peintre et par le graveur. Encadrée.

MEISSONIER (D'après E.)

66 — **Les Renseignements,** par Achille Jacquet.

Superbe épreuve d'artiste sur parchemin. Signé. Encadrée.

67 — **1805,** par Jules Jacquet.

Superbe épreuve d'artiste avec les trois remarques sur parchemin Signée.

68 — La même estampe.

Très belle épreuve d'artiste avec remarque sur Japon. Signée.

69 — **1806,** par Jules Jacquet.

Très belle épreuve d'artiste sur parchemin. Signée.

70 — **1807,** par Jules Jacquet.

Superbe épreuve d'artiste sur parchemin. Signée du peintre et du graveur.

71 — **1814,** par Jules Jacquet.

Très belle épreuve d'artiste sur Japon. Signée. Encadrée.

72 — La Halte, par Jasinski.

Très belle épreuve d'artiste. Signée.

73 — Causerie sur la route, par L. Kratké.

Très belle épreuve d'artiste avec remarque sur parchemin. Signée.

74 — Hussard, par L. Kratké.

Très belle épreuve d'artiste sur parchemin. Signée.

75 — **Solférino**, par L. Kratké.

Très belle épreuve d'artiste avec les trois remarques sur parchemin. Signée. Encadrée.

76 — Portrait de E. Meissonier, par Lafosse (lithographie).

Très belle épreuve. Encadrée.

MEISSONIER (D'après E.)

77 — Les Généraux dans la neige, par A. Lalauze (petite planche).

Très belle épreuve d'artiste.

78 — Un Gentilhomme, par A. Lalauze.

Très belle épreuve d'artiste.

79 — **La Halte,** par Ad. Lalauze.

Superbe épreuve d'artiste avec remarque sur Japon, avec dédicace. Encadrée.

80 — Les Joueurs de boules, par A. Lalauze.

Très belle épreuve d'artiste.

81 — **L'Amateur de gravures,** par A. Lamotte.

Très belle épreuve d'artiste sur Japon. Signée.

82 — La Partie de cartes, par H. Lavoignat (bois).

Très belle épreuve d'artiste sur Chine.

83 — De par le Roy, par H. Lavoignat (bois).

Très belle épreuve d'artiste sur Chine.

84 — **Le Bibliophile,** par P. Le Rat.

Très belle épreuve d'artiste avec remarques sur Chine. Signée.

85 — La même estampe.

Très belle épreuve d'artiste sur Japon. Signée. Encadrée.

86 — Cavalier Louis XIII, par P. Le Rat.

Très belle épreuve avant la lettre sur Chine. Encadrée.

87 — **L'Homme à la fenêtre,** par P. Le Rat.

Très belle épreuve d'artiste sur Japon. Signée.

88 — Le Joueur de guitare, par P. Le Rat.

Très belle épreuve avant la lettre sur Chine. Encadrée.

MEISSONIER (D'après E.)

89 — **Les Joueurs de cartes,** par P. Le Rat.

Superbe épreuve d'artiste sur Chine. Signée.

90 — La même estampe.

Très belle épreuve sur Chine.

91 — Officier Louis XIII, par P. Le Rat.

Très belle épreuve d'artiste.

92 — Portrait d'Hetzel, par P. Le Rat.

Très belle épreuve d'artiste sur Japon. Encadrée.

93 — Tourne-bride, par P. Le Rat.

Très belle épreuve d'artiste. Encadrée.

94 — A la porte de l'auberge, par G. Manchon.

Très belle épreuve d'artiste. Signée.

95 — Borée, par T. de Mare.

Très belle épreuve d'artiste sur parchemin. Signée.

96 — La Barricade, par T. de Mare.

Très belle épreuve d'artiste sur Japon. Signée. Encadrée.

97 — Le Convoi, par T. de Mare.

Très belle épreuve d'artiste sur Japon. Signée. Encadrée.

98 — La Halte, par L. Margelidon.

Très belle épreuve d'artiste avec remarque sur parchemin. Signée.

99 — Le Peintre d'enseignes, par L. Margelidon.

Très belle épreuve d'artiste avec remarque sur parchemin. Signée.

100 — **Le Joueur de violoncelle,** par A. Mathey.

Très belle épreuve d'artiste avec remarque sur parchemin Signée.

MEISSONIER (D'après E.)

101 — Portrait d'Alexandre Dumas fils, par A. Mongin.

Très belle épreuve d'artiste sur Japon. Signée. Encadrée.

102 — **L'Ordonnance,** par A. Mongin.

Très belle épreuve d'artiste sur Chine. Signée.

103 — **Coin d'atelier,** par L. Monziès.

Très belle épreuve d'artiste sur Japon. Signée.

104 — Gentilhomme Louis XIII (portrait du fils du peintre, par L. Monziès.

Très belle épreuve d'artiste avec remarque sur parchemin. Signée. Encadrée.

105 — **La Lecture chez Diderot,** par L. Monziès.

Superbe épreuve d'artiste avec remarque sur parchemin. Signée du peintre et du graveur. Encadrée.

106 — **Le Maréchal Duroc,** par L. Monziès.

Très belle épreuve d'artiste. Signée.

107 — **Le Polichinelle à la rose,** par L. Monziès.

Superbe épreuve d'artiste avec remarque sur satin. Signée du peintre et du graveur. Encadrée.

108 — **Relais de Poste,** par L. Monziès.

Très belle épreuve d'artiste sur parchemin. Signée. Encadrée.

108 *bis* — Un Ecrivain en costume Louis XV, par L. Monziès.

Très belle épreuve d'artiste avec remarque sur Japon. Signée.

109 — Le Joueur de Violoncelle, par A. Mouilleron (lithographie).

Très belle épreuve avant la lettre, sur Chine, avec dédicace.

110 — La Leçon de chant, par A. Nargeot.

Très belle épreuve d'artiste avec remarque sur parchemin. Signée.

MEISSONIER (D'après E.)

111 — Solférino, par A. Nargeot.

Très belle épreuve d'artiste avec remarque sur Japon

112 — **Portrait du Docteur E. Lecaudey,** par J. Payrau.

Très belle épreuve d'artiste avec remarque sur parchemin Signée.

113 — Portrait du Docteur, par Pigeot.

Très belle épreuve d'artiste, sur Chine.

114 — Portrait de M. Hetzel, par Pirodon (lithographie).

Très belle épreuve avant la lettre.

115 — Cavalier Louis XIII, par H. Poterlet.

Très belle épreuve d'artiste avec remarque sur parchemin. Signée.

116 — La même estampe.

Très belle épreuve d'artiste avec remarque sur parchemin. Croquis original dans la marge.

117 — Le Baiser, par H. Poterlet.

Très belle épreuve d'artiste avec remarque sur parchemin. Signée. Encadrée.

118 — Lansquenet, par L. Quarante.

Très belle épreuve d'artiste avec remarque sur parchemin. Croquis original dans la marge.

119 — La même estampe.

Très belle épreuve d'artiste avec remarque sur parchemin. Signée.

120 — **Fumeur Flamand**, par P. Rajon.

Très belle épreuve d'artiste. Encadrée.

121 — Le Graveur à l'eau-forte, par P. Rajon.

Très belle épreuve du 2e état sur Chine.

MEISSONIER (D'après E.)

122 — **Le Liseur,** par P. Rajon.

Très belle épreuve d'artiste sur Chine. Encadrée.

123 — **Polichinelle,** par P. Rajon.

Très belle épreuve d'artiste sur Chine avec croquis dans les marges.

124 — Le Peintre, par P. Rajon.

Belle épreuve.

125 — La Conversation, par A. Robaut (lithographie).

Très belle épreuve sur Chine.

126 — Frontispice pour le *Livre des Epoux*, par H. Robinson.

Très belle épreuve avant la lettre sur Chine.

127 — A l'Auberge, par J. Ruet.

Très belle épreuve d'artiste avec remarque sur parchemin. Signée.

128 — L'Empereur, par L. Ruet.

Très belle épreuve d'artiste avec remarque sur parchemin. Signée.

129 — Un général et son aide-de-camp, par L. Ruet.

Très belle épreuve d'artiste avec remarque sur parchemin. Signée.

130 — La Halte, par L. Ruet.

Très belle épreuve d'artiste sur Japon. Signée.

131 — Napoléon à cheval, par L. Ruet.

Très belle épreuve d'artiste sur parchemin. Encadrée.

132 — La Partie de cartes, par L. Ruet.

Très belle épreuve d'artiste avec remarque sur parchemin. Signée.

MEISSONIER (D'après E.)

133 — Le Porte-Etendard, par L. Ruet.

Très belle épreuve d'artiste avec remarque sur parchemin. Signée.

134 — Le Liseur debout, par Spinelli.

Très belle épreuve d'artiste avec remarque sur parchemin. Signée.

135 — La même estampe.

Très belle épreuve d'artiste sur Japon. Encadrée.

136 — Les Lansquenets, par Sirouy (lithographie).

Très belle épreuve d'artiste sur Japon.

137 — Homme d'armes, par H. Toussaint.

Très belle épreuve d'artiste avec remarque et avec dédicace.

138 — **Les Amateurs de peinture,** par H. Vion.

Très belle épreuve d'artiste sur Chine. Signée.

139 — **La Chanson,** par H. Vion.

Très belle épreuve d'artiste avec remarque sur parchemin. Encadrée.

140 — **La Confidence,** par H. Vion.

Très belle épreuve d'artiste avec remarque sur Japon. Signée. Encadrée.

141 — Le Rieur, par A. Walker.

Très belle épreuve d'artiste avec remarque sur parchemin. Signée.

142 — Le Bibliophile, par Wallet.

Très belle épreuve d'artiste sur Japon.

143 — Les Joueurs de dés, par Wallet.

Très belle épreuve d'artiste.

MEISSONIER (D'après E.)

144 — **Portrait de E. Meissonier,** par Ch. Waltner.

Superbe épreuve d'artiste avec remarque sur parchemin. Signée par Mme Vve Meissonier et par le graveur. Encadrée.

145 — Portrait de Meissonier en habit d'académicien, par Ch. Waltner.

Très belle épreuve d'artiste avec remarque sur parchemin.

146 — Portrait de Meissonier, en buste, par Ch. Waltner.

Très belle épreuve d'artiste.

FAC-SIMILE D'AQUARELLES
PHOTOGRAVURES

D'APRÈS LES ŒUVRES DE

E. MEISSONIER

147 — Annibal.

Fac-simile d'aquarelle (Procédé Goupil).

148 — Cavalier Louis XIII.

Fac-simile d'aquarelle (Procédé Goupil). Encadré.

149 — Un Lansquenet.

Fac-simile d'aquarelle. Encadré.

150 — Reproduction des principaux tableaux de l'œuvre de Meissonier (Photogravures de Lecadre et Cie).

Cent quatre pièces en épreuves sur Japon.

151 — La Rixe (photogravure).

Très belle épreuve sur satin. Encadrée.

152 — 1807 (photogravure).

Encadrée.

153 — 1814 (photogravure coloriée).

154 — Portrait de E. Meissonier (photogravure).

Encadrée.

155 — 1814. Campagne de France (photogravure coloriée).

EAUX-FORTES ORIGINALES

ET

D'APRÈS LES MAITRES MODERNES

BAYARD (E.)

156 — Planche de Croquis (eau-forte originale inédite).

Très belle épreuve d'artiste. Rare.

BENNER (D'après J.)

157 — **Escalier à Capri,** par H. Focillon.

Superbe épreuve d'artiste avec remarque sur parchemin. Signée du peintre et du graveur. Encadrée.

BONVIN, BUHOT, LALANNE, JACQUE

158 — La rue du Champ-de-l'Alouette. — Une Matinée d'hiver au quai de l'Hôtel-Dieu. — Le Pont-Neuf. — Le Moulin de la Galette.

Quatre pièces, dont trois en épreuves d'artiste.

BOUCHER (H.)

159 — **Old and Crusted,** d'après W. Dendy Sadler.

Très belle épreuve d'artiste avec remarque sur Japon. Signée du peintre et du graveur.

BOUTET

160 — Almanach 1899.

Très belle épreuve sur Japon.

BOUVENNE (A.)

161 — Un Poète. Portrait de Th. Gautier.

Très belle épreuve.

BURNEY

162 — Portrait de Th. Gautier.

Très belle épreuve d'artiste avec remarque sur Japon.

CHAPLIN, DE NITTIS

163 — Avant le bain. — Femme à l'éventail (eaux-fortes originales).

Deux pièces, très belles épreuves d'artiste.

COROT (D'après)

164 — **Le Batelier,** par Chauvel.

Très belle épreuve d'artiste sur Japon. Signée. Rare.

165 — **Le Lac,** par Leterrier.

Très belle épreuve d'artiste sur Japon.

DETAILLE (E.)

166 — **Cuirassier** (eau-forte originale).

Très belle épreuve d'artiste sur Japon.

DETAILLE (D'après E.)

167 — **Mon ancien régiment,** par Boulard.

Très belle épreuve d'artiste sur parchemin. Signée.

168 — Un Cuirassier bavarois, par Daumont.

Très belle épreuve d'artiste avec remarque sur Japon. Signée du peintre et du graveur.

DUEZ (E.)

169 — Tête de Marin (eau-forte originale).

Très belle épreuve d'artiste sur Japon. Signée.

DUPRAY, BARILLOT

170 — Le Repos. — Sous Metz.

Deux pièces, très belles épreuves d'artiste.

DUPRÉ (D'après)

171 — **La Mare,** par L. Gautier.

Très belle épreuve d'artiste sur parchemin. Signée.

GAUTIER (Lucien)

172 — **L'Abside de Notre-Dame.**

Très belle épreuve d'artiste avec remarque sur parchemin. Signée.

GÉROME

173 — **Le Fumeur** (eau-forte originale).

Très belle épreuve d'artiste sur Chine.

GRAVESANDE (Storm de)

174 — **Amsterdam** (eau-forte originale).

Très belle épreuve d'artiste. Signée.

JACQUE (D'après Ch.)

175 — Le Pâturage, par L. Jacque.

Très belle épreuve. Encadrée.

JAZET

176 — **Le Maréchal Moncey à la barrière de Clichy**, d'après Horace Vernet.

Très belle épreuve d'artiste. Encadrée.

KRATKÉ

177 — **La Meute** (eau-forte originale).

Très belle épreuve d'artiste avec remarque sur parchemin. Signée.

LEFEBVRE (Jules)

178 — Jeune Fille (eau-forte originale).

Très belle épreuve d'artiste sur Japon.

LEROLLE (H.)

179 — Jeune Bergère assise (eau-forte originale).

Très belle épreuve d'artiste. Rare.

LEROLLE (D'après H.)

180 — **Le Printemps**, par de Los Rios.

Très belle épreuve d'artiste avec remarque sur Japon. Signée du peintre et du graveur.

MARTIAL, TAIÉE, DELAUNEY

181 — Vues de Paris. Château de Saint-Germain.

Sept pièces, dont six en épreuves d'artiste.

MERCIER

182 — **Portrait de Darwin.**

Très belle épreuve d'artiste sur Japon. Signée.

MONZIÈS (L.)

183 — Fileuse normande. — Eplucheuse de pommes de de terre. — La Grange. — Rue de village normand. — Le Gabion des douaniers. — Noctambules. — Tricoteuse normande. — Figures Louis XV. Série de neuf planches originales gravées à l'eau-forte, au vernis mou et à l'aquatinte.

Très belles épreuves d'artiste sur Japon.

MONZIÈS, RAMUS

184 — La Merveilleuse, d'après J. GOUPIL. — Études de têtes, d'après RUBENS.

Trois pièces, très belles épreuves d'artiste.

PAYRAU

185 — Jeune Femme assise lisant devant un bureau, d'après E. MEISSONIER.

Très belle épreuve d'artiste avec remarque sur Japon. Signé.

PIERDON

186 — Saint-Cloud brûlé. Suite complète de douze pièces.

Très belles épreuves d'artiste sur Japon.

REGNAULT (D'après H.)

187 — **Le Maréchal Prim**, par L. LE COUTEUX.

Très belle épreuve d'artiste. Signée. Encadrée.

ROPS (FÉLICIEN)

188 — Le Liseur (art moderne).

Très belle épreuve sur Japon.

ROYBET

189 — Le Sac de Dinant (eau-forte originale).

Très belle épreuve d'artiste.

WALKER (CH.)

190 — **Le Troupeau**, d'après A. MAUVE.

Très belle épreuve d'artiste avec remarque sur parchemin. Signée.

WYLLIE

191 — **Under Pool** (eau-forte originale).

Très belle épreuve d'artiste sur Japon. Signée.

192 — Sous ce numéro il sera vendu un lot de Gravures anciennes non cataloguées et les cartons de la collection.

CATALOGUES ET PUBLICATIONS

ILLUSTRÉS

193 — **Meissonier** (Catalogue de l'Exposition E.). *Paris, École des Beaux-Arts*, 1893.

Exemplaire sur Japon, contenant quatre portraits par Lalauze, Monziès, Waltner; plus une planche de Burney, d'après le tableau du Siège de Paris; en épreuves d'artiste sur parchemin.

194 — **Meissonier** (Catalogue des Tableaux, Études peintes, Aquarelles et Dessins composant l'atelier). *Paris*, 1893, in-fol., broché.

Soixante-dix planches hors texte.

195 **Meissonier** (Catalogue de l'Exposition E.). *Paris, Galerie Georges Petit. Mars 1893.*

Exemplaire portant le n° 16 avec texte sur Japon et les eaux-fortes sur parchemin, broché.

196 — Catalogue des tableaux anciens de toutes les écoles, composant la très importante collection de M. le baron de Beurnonville. *Paris*, 1881.

Cinquante-sept eaux-fortes.

197 — Catalogue de Tableaux anciens et modernes, Aquarelles et Objets d'art formant la célèbre collection de M. E. Secrétan. *Paris*, 1889. Trois catalogues reliés en un seul volume.

Cent vingt-quatre planches hors texte.

198 — Catalogue des Tableaux anciens et modernes, Aquarelles, Dessins et Pastels, formant la collection de M. Alexandre Dumas. *Paris*, 1892, in-fol. broché.

Quinze planches hors texte.

199 — Catalogue des Tableaux, Études peintes, Aquarelles, Dessins, Gravures, composant l'atelier Charles Jacque. *Paris*, 1894, pet. in-fol. broché.

Portrait à l'eau-forte et quarante-deux planches hors texte.

200 — **Chintreuil** (La vie et l'œuvre de), par A. de la Fizelière, Champfleury, F. Henriet. Quarante eaux-fortes par Martial, Taiée, Lalauze, Saffrey, Selle, Paul Roux. 1874.

Très bel exemplaire sur papier de Hollande avec les eaux-fortes avant la lettre ; portant le n° 14. broché.

201 — Collection Mailand, 1881 ; huit eaux-fortes. — Vente de tableaux de différents artistes, 1876 ; dix eaux fortes.

202 — Galerie Oppenheim, 1877 ; vingt-cinq eaux-fortes. — Galerie Suermondt, 1877 ; trois eaux-fortes.

203 — **Guillaumot Fils**. Costumes du XVIIIe siècle. 1re série : Ajustements et coiffures ; 2e série : Costumes en pied, d'après les dessins de Watteau fils, Desrais, Leclerc, Cochin, tirés de la collection de M. Victorien Sardou et de collections particulières. *H. Cagnon, éditeur*, 1875.

Quarante eaux-fortes.

204 — **Guillaumot Fils.** Costumes du Directoire, tirés des *Merveilleuses. Paris, Rouquette*, 1875.

Trente eaux-fortes.

205 — **Ribot** (Catalogue de l'exposition des œuvres de T.). Préface de L. de Fourcaud ; eaux-fortes par T. Ribot, Desboutin, Desmoulin, Faivre et Masson. *Galerie Bernheim jeune*, 1887. 16

206 — Vente Sedelmeyer, 1877 ; dix-neuf eaux-fortes. — Collection de M K..., 1879 ; onze eaux-fortes. 10

207 — **Wilson** (John-W.). Prix d'adjudication des tableaux qui composaient la galerie.

Soixante eaux-fortes.

total general — 8273

IMPRIMERIE MAULDE, DOUMENC ET C[ie]

144, RUE DE RIVOLI. — PARIS

www.ingramcontent.com/pod-product-compliance
Lightning Source LLC
LaVergne TN
LVHW010249230826
846091LV00007B/2875

* 9 7 8 2 3 2 9 5 1 5 1 7 5 *